I

# LES ADIEUX

DE

# MADAME STOLTZ.

Farcy. lith.
Lith. Fourquemin, Paris.

# LES ADIEUX

## DE

# MADAME STOLTZ

## SA RETRAITE DE L'OPÉRA, SA VIE THÉATRALE, SES CONCURRENTES, SON INTÉRIEUR,

### ornés de son portrait

la représentant dans le dernier acte de *la Favorite* joué à son bénéfice le 22 avril, et dessiné par FARCY telle qu'elle était au moment de son rappel devant le public;

---

M<sup>mes</sup> FALCON, DORUS-GRAS, JENNY LIND, VIARDOT, ROSSI-CACCIA, HEINEFETTER, MÉQUILLET, VIDMANN, DUR-LABORDE, NATHAN-TREILLET, JULIEN, JACOBY, E. DE BARGE, PEYTIEUX, MATHILDE IN DE BETOU;

M<sup>mes</sup> NAU, DE ROISSY, MOISSON, MONDUTAIGNY, DAMERON, D'HALBERT, RABY, BETTI-BEAUSIRE.

LES ÉLÈVES DE L'ÉCOLE D'APPLICATION ET LES ARTISTES DE METZ

### Par CORNEILLE CANTINJOU.

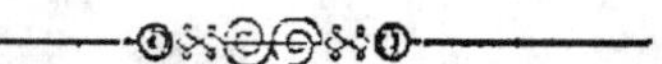

## PARIS.

### CHEZ BRETAU, LIBRAIRE-ÉDITEUR,

Passage de l'Opéra, 7, galerie de l'Horloge.

—

## 1847

# LES ADIEUX

## DE

# MADAME STOLTZ.

A notre époque d'égoïsme, d'intrigue et de corruption, si le talent parvient à conquérir la place à laquelle il a le droit de prétendre, il lui faut déployer, pour la conserver, la plus vigoureuse énergie, et plus de science diplomatique qu'il n'en a été dépensé aux congrès de Vienne et de Vérone, et à la conférence de Londres. Dans les beaux-arts, à la science diplomatique nécessaire pour conserver sa place, une fois qu'elle est conquise, il faut encore joindre l'esprit à la fois le plus subtil et le plus élevé, le plus rapide et le plus délié, et une vigilance qui ne doit pas se relâcher un seul instant, sous peine de tout compromettre.

Il faut être artiste soi-même, ou avoir au moins le sentiment le plus exquis de l'art, pour sentir et apprécier les émotions de l'artiste qui se présente devant un aréopage pour être jugé. Que cet artiste soit poète ou musicien, qu'il soit peintre ou statuaire, qu'il soit architecte ou graveur, c'est dans le silence du cabinet ou de l'atelier qu'il attendra l'inspiration et qu'il créera son œuvre : il sera libre de se renfermer tout le temps qu'il voudra pour perfectionner son travail, le transformer même, si sa main a mal rendu sa pensée créatrice ; et quand il se présentera devant ses juges, son émotion, quelque vive qu'elle soit, ne fera point trembler cette main avant d'avoir achevé son œuvre ; il comparaîtra enfin tel qu'il est, avec sa force et sa faiblesse, avec ses perfections et ses défauts, avec sa puissance ou son néant.

Mais il en est tout autrement d'un comédien ou d'un chanteur. C'est devant son juge, juge terrible, inexorable, qu'il doit se mettre à l'œuvre ; c'est au jour, à l'heure, à la minute, fixés à l'avance, qu'il doit commander à l'inspiration de venir à lui. Si cette inspiration lui fait défaut, il est perdu ; il ne se relèvera jamais de sa chute. Plus d'avenir pour lui, sa carrière est anéantie entièrement. Le public prévenu ne pardonne pas une première chute. Le comédien, ou le chanteur, sait cela, et c'est sous l'empire d'une invincible terreur qu'il se présente à ce public qui tient tout son avenir entre ses mains. Ils ne sont pas nombreux, ceux qui ont pu sortir triomphants de cette redoutable épreuve !

Ne voulant m'occuper que de la grande artiste qui fait en ce moment ses adieux à un public qui l'a constamment admirée, et à un théâtre qu'elle a illustré, je n'ai pas la prétention d'analyser la situation du comédien, ou du chanteur, qui se présente pour la première fois devant son juge ; j'ai voulu seulement rappeler combien il a fallu au talent de M$^{me}$ Stoltz, de puissance et d'énergie, pour conquérir la première place sur notre première scène lyrique, qui est la première du monde. Et à ce sujet on me permettra de citer ce que disait à peu près en 1841 M. Hippolyte Lucas dans une notice biographique sur la même artiste :

« C'est une terrible chose pour une femme, à
« peine entrée dans la vie, qu'un début devant
« une pareille assemblée. Les actrices consommées,
« et depuis longues années, éprouvent encore à leur
« entrée en scène une certaine émotion. Qu'est-ce
« donc qu'on doit ressentir lorsqu'on arrive devant
« un monde inconnu, qu'on a peu d'expérience en-
« core, et qu'il s'agit de chanter pendant que le
« cœur palpite d'effroi! Il faut être à la fois au
« drame extérieur dans lequel on joue un rôle, et
« au drame intérieur qui se passe en soi.

« — C'est ta destinée tout entière qui est sur le
« tapis, dit la voix secrète : à toi les couronnes de
« l'art si tu réussis; mais si tu tombes, il faudra
« rentrer dans une honteuse obscurité; tout cela
« dépend d'une note plus ou moins claire, d'un
« geste plus ou moins heureux !

« — Allons donc, dit l'orchestre, de son côté : Ce
« n'est plus le temps des réflexions : déployez toute
« l'agilité de votre gosier : attaquez plus fortement
« ceci, vous le pouvez : filez ces sons avec plus de
« douceur, il ne tient qu'à vous. Du courage !

« Figurez-vous une pauvre jeune femme, en
« proie à cette lutte devant un public qui, sauf

« quelques rares amis disséminés dans la salle, se
« range du parti de l'orchestre. »

Après être sortie victorieuse de l'épreuve décisive des débuts, M^me Stoltz pouvait penser qu'elle
n'aurait plus à s'occuper que de mériter toujours les
applaudissements que le public paraissait si disposé
à lui accorder ; mais elle avait compté sans l'intrigue, la malveillance et les mauvaises passions de
cette bohême qui se prétend littéraire, et qui croit
faire du journalisme, parce qu'elle noircit de mé-
chants carrés de papier ; elle avait encore à combattre
cette lèpre qui s'attache à tout ce qui est grand et gé-
néreux ; à l'art qui crée, au talent qui produit, parce
que, pour elle, il y a là quelque chose à gagner ;
et cette lutte que tout artiste placé au premier rang
doit accepter, parce qu'elle est inséparable de sa
position, est une lutte de chaque jour, dans laquelle
il ne faut pas espérer de trève ni de merci, si les
forces trahissent le courage.

Il n'entre pas dans ma pensée d'attaquer ici ce
que, dans un certain monde, on est convenu d'appeler la *petite presse*. La petite presse, s'il est
vrai qu'il y en ait une grande et une petite,
a pour organe des hommes honorables qui ne dés-

honoreront jamais leur plume par une critique malveillante et passionnée. A cet égard ils ont fait leurs preuves, et ils n'ont jamais manqué de désavouer et de chasser de leurs rangs tous les frélons qui, en s'y faufilant, trouvent un moyen sûr d'exploitation.

Outre les attaques qui avaient pour objet sa personne et sa position d'artiste, M^{me} Stoltz a eu encore à subir celles qui s'adressaient à la direction de l'Opéra, et qui, n'osant pas agir ouvertement, lui créaient des embarras en s'attaquant au premier sujet. Non-seulement M^{me} Stoltz a été calomniée dans sa vie privée et dans sa vie d'artiste, dans le but de nuire à la direction de l'Opéra, mais on l'a encore rendue responsable des fautes attribuées à cette direction ; elle a même été outragée publiquement dans un langage qu'on ne tolérerait pas dans un corps-de-garde.

La lutte a duré dix ans, et l'artiste se retire pour laisser le champ libre à ses ennemis, à ses détracteurs, et pour faire tomber cette ridicule accusation : qu'elle était le principal obstacle à la prospérité et à la splendeur du théâtre dont elle a, au contraire, soutenu la gloire avec un talent et un courage qui feront époque dans ses annales.

M<sup>me</sup> Stoltz se retire donc de l'Opéra. Mais si l'on réfléchit à tout ce qu'elle a dû souffrir intérieurement pour se maintenir à la hauteur où elle s'est placée, malgré les cabales et les intrigues qui, dans une salle remplie d'une foule admiratrice et enthousiaste, trouvaient un coin pour se blottir et exhaler leur venin, et qui, dans les coulisses et jusque sur la scène, avaient pris toutes les formes pour torturer la femme et en même temps paralyser l'artiste et la renverser, on verra bien que cette retraite est sérieuse ; on verra bien que cette résolution, quoique prise au milieu des regrets qu'inspire une carrière brillante, glorieuse et la plus enviée que l'on puisse rêver, sacrifiée aux attaques incessantes de la malveillance, est réellement définitive. Mais si les regrets de M<sup>me</sup> Stoltz sont vifs, ceux que le public, qui se porte en foule à ses dernières représentations, vient manifester par ses bravos et ses applaudissements frénétiques, doivent puissamment en adoucir l'amertume; et si les échos portent à son oreille les espérances qui circulent en exclamations de toutes parts : «Ne la reverrons-nous pas?... « Ne pourrons-nous plus l'admirer, l'applaudir, la « couronner de nouveau?...» De douces et ineffables

émotions doivent tempérer les chagrins de la séparation, puisque de ces témoignages réciproques de
l'artiste et du public, peut naître l'espoir que cette
séparation aura un terme. Je me garde bien d'interpréter les intentions de M^me Stoltz, et ne veux pas
surtout donner des armes à ses détracteurs, dont le
dépit s'augmente de toute la force des regrets du
public; mais est-il possible de ne pas espérer de
la revoir en présence de tant de sympathies et d'admiration d'une part, et d'un talent si magique qui
subjugue et transporte avec tant de puissance, et
qui s'impose à la foule parce qu'il est sublime et
comme inspiré, d'autre part ? En attendant, je pense
que les nombreux admirateurs, dans le souvenir
desquels notre célèbre artiste restera, me sauront
gré d'entrer ici dans les détails de sa carrière, sur
ses premières études, sur ses commencements;
d'énumérer les rôles dans lesquels elle s'est es-
sayée à paraître devant le public, qui a encouragé
ses débuts, et ceux dans lesquels elle a le plus
brillé. J'aurais désiré que ma plume soit plus élo-
quente, afin de donner à mon récit un éclat et un
intérêt dignes de l'artiste ; mais de tous les hommes
de lettres qui ont écrit sur le théâtre et les comé-

diens, il n'en est peut-être pas que les circonstan-
ces aient placé aussi favorablement que moi pour
suivre toutes les phases de la carrière de M^me Stoltz,
et pour en rendre un compte plus impartial ; je
dois donc espérer d'être accueilli avec bienveillance.

On n'est pas d'accord sur le lieu de naissance de
M^me Stoltz, les opinions à ce sujet sont assez diverses et fort contradictoires ; j'ai des raisons de croire
qu'elle est née en Espagne, et qu'elle fut amenée à
Paris dès son bas âge ; mais qu'importe à une artiste de la valeur de M^me Stoltz le pays qui l'a vue
naître ? Le génie, les beaux-arts, ont-ils une autre
patrie que celle où ils produisent leurs trésors ? D'ailleurs Séville, Grenade et l'Alhambra, ont-ils produit une Andalouse ou une Castillanne plus passionnément danseuse que l'Allemande Fanny Elssler ?
Les légendes fantastiques des bords du Danube et
des montagnes de la Styrie ont-elles imaginé une
créature plus suave et plus poétique que la Sué-
doise Taglioni ? A-t-on jamais entendu en Italie
une voix aussi bien faite pour la musique que celle
de l'Américaine Malibran ? Et enfin M^me Stoltz, espagnole ou allemande, n'en est-elle pas moins l'une

des plus parfaites cantatrices parisiennes que nous ayons entendues ? Toujours est-il que ses dispositions musicales se sont révélées dans son enfance, à plusieurs reprises, d'une manière remarquable, et qu'elle fut placée, par la protection de la duchesse de Berry, dans un couvent de bénédictines de la rue du Regard, pour y être élevée selon sa vocation ; car on recevait indifféremment dans cette maison les jeunes personnes qui se destinaient à l'état monastique et celles qui ne voulaient que faire leur éducation. Nous savons en outre que la première cause qui obtint à M<sup>me</sup> Stoltz, enfant, la protection de la duchesse de Berry, fut la date de sa naissance qui correspondait à celle de la mort du duc de Berry. Puis ensuite, frappée de ses dispositions pour la musique, la duchesse ordonna qu'on lui fît suivre le cours de Choron, et qu'à cet effet on la conduisît chaque jour du couvent au conservatoire, où elle rencontra cette pépinière d'artistes célèbres à la tête desquels on comptait Duprez, Adolphe Adam, Monpou, Dietsch, Wartel, Marié et Jansenne, et qui devaient, plus tard, partager ses triomphes. M<sup>me</sup> Stoltz parvint ainsi, après avoir prouvé, par la part qu'elle a prise dans les concerts de la rue de Vaugirard, de 1829 à 1832, que les chefs-d'œuvre des Mozart, des Jomelli, des Hœndell, des Haydn, des Pergolèze, des Palestrina, seraient bien mieux compris par elle que la règle sévère de saint Benoît. Sa vocation bien déterminée, elle prit congé de M<sup>me</sup> Duchasnois, la supérieure du couvent de la rue du Regard, et non la tragédienne que l'on applaudissait alors, et elle se rendit à Bruxelles, pour demander à M. Cartigny, qui dirigeait, à cette époque, les théâtres de cette ville, de favoriser ses premiers pas devant le public. Elle y fut engagée, et le succès de ses débuts promettait déjà un brillant avenir.

Pendant qu'elle suivait à Paris les cours du conservatoire, sa gentille espièglerie, son esprit mutin, qui rappelait la plus sémillante création de Beaumarchais, l'avaient fait surnommer *Rosine* par ses camarades de classe. De son vivant, l'auteur de *Figaro* n'aurait pu choisir un modèle plus complet, il ne pouvait donc pas trouver un interprète plus accompli pour sa Rosine. Aussi la jeune cantatrice adopta-t-elle le nom sous lequel elle venait, de la manière la plus brillante, marquer sa place dans le monde musical. Bien que le rôle de *Rosine* fût son rôle de prédilection, tout le temps qu'elle eut à passer sur les théâtres d'Amsterdam et de la Haye, elle ne se montra pas moins avec grands succès dans *Tancrède*, *Othello*, *la Gazza*, *Lucie* et *le comte Ory*. C'est pendant son séjour en Hollande qu'elle ajouta le nom de Rosine à celui de Stoltz qui est le nom de sa famille.

Mais le climat de ce pays humide, et les émanations morbides des polders, n'ont pas sur le gosier des chanteurs la même influence que le beau ciel de l'Italie. On ne peut y faire que de courtes apparitions; un long séjour ruinerait la voix la mieux organisée et la plus fortement constituée. M^me Stoltz dut donc se résoudre à quitter le public qui l'avait si chaudement applaudie, mais avec le souvenir de ses premières soirées de triomphe, elle emporta la plus belle tulipe du jardin d'un des plus célèbres horticulteurs hollandais, qui voulait ainsi lui donner un témoignage de son admiration. A l'âge qu'avait alors Rosine, cette fleur avait plus de prix à ses yeux que tous les diamants et les parures qu'elle a reçus depuis.

Elle revint par Anvers : c'était à la fin de 1834. M. Bernard, alors directeur du théâtre de cette ville, avait monté *Robert le Diable :* toutes les dépenses étaient faites; les croisés, armés de pied en cap, attendaient sous les murs de Palerme et sur les bords de la mer, le signal du chef d'orchestre pour chanter que *l'or est une chimère;* les nonnes, couchées sur les dalles du monastère antique, attendaient en frémissant, pour sortir *de leur lit funéraire,* que Bertrand leur chantât : *Réveillez-vous;* enfin la splendide cathédrale de Palerme, avec son clergé métropolitain, attendait que Bertrand fût enfoncé dans le troisième dessous pour consacrer, sur le grand air final, l'union de Robert et de la princesse de Sicile. Tout était prêt, il ne manquait plus qu'une chose, une toute petite chose; il ne manquait qu'une *Alice,* la gentille fiancée du paysan Raimbaud! C'est-à-dire que l'impressario, qui avait déjà bien des fautes sur la conscience depuis son entrée en possession du privilége, qui ne datait que de plusieurs mois, voyait son existence directoriale brisée, si les brouillards de la Hollande ne lui avaient envoyé pour le sauver, l'ange qui allait rompre le pacte de Robert avec le diable.

Dans le courant de janvier 1835, M<sup>me</sup> Stoltz parut donc dans le rôle d'Alice. De ce jour aussi

commence véritablement sa carrière, et les Anversois ne se trompèrent pas sur la brillante destinée réservée à la cantatrice. Pourtant l'engagement qu'elle avait accepté était des plus modestes, et très peu en rapport avec le service qu'elle venait rendre au directeur maladroit et imprévoyant. N'importe, elle avait pris rang, le reste ne pouvait lui échapper. Après le rôle d'*Alice,* elle joua successivement ceux de *Gertrude,* du *Maître de chapelle,* de *Paquita,* de *Fiorella,* et d'*Isabelle* du *Pré aux Clers*, et chacun de ces rôles fut pour elle un nouveau triomphe.

M. Bernard succéda bientôt à Cartigny dans la direction des théâtres de Bruxelles, et il amena avec lui ceux de ses pensionnaires dont il avait été à même d'apprécier les talents, et sur les services desquels il pouvait le plus compter. Comme on le pense bien, il n'eut garde de se séparer de M<sup>me</sup> Stoltz, à qui il devait plus que de la reconnaissance, et, quoique son habileté directoriale soit fort contestable, il a très bien compris que sa pensionnaire était un sujet précieux pour toutes les directions qui pourraient se l'attacher.

Le 5 mai 1835, elle débuta sur le théâtre de la

Monnaie, par le rôle d'*Alice*, et elle continua ses débuts le 14 et le 15 du même mois par ceux de *Petit-Jacques*, de *la Pie voleuse* et de *Marguerite* du *Pré-aux-Clercs*. Le public de Bruxelles accueillit avec applaudissement et le plus vif enthousiasme la jolie débutante dont le talent s'annonçait d'une manière aussi remarquable. Cependant, du sein des suffrages universels qui l'avaient saluée, il y avait bien quelques divergences d'opinions ; tout en reconnaissant que, dans les créations d'une importance secondaire, elle savait, avec un tact exquis, leur imprimer une originalité et une verve charmantes, comme à Paquita de *la Marquise*, et à Marguerite *des deux Reines*, on appréciait peu un talent qui faisait encore plus espérer qu'il ne donnait. D'ailleurs tous les artististes qui se sont présentés aux suffrages des amateurs de Bruxelles savent parfaitement que ces amateurs sont beaucoup trop positifs pour applaudir et encourager des espérances, et qu'ils aiment mieux se passionner follement pour une réputation toute faite que de contribuer à en établir une par leur jugement. En résumé, M<sup>me</sup> Stoltz, malgré l'éclat de ses débuts et ses succès, n'était encore pour les Bruxellois qu'une remarquable première chanteuse de province: il n'a pas fallu moins que le rôle de *Rachel*, de *la Juive*, pour leur ouvrir les yeux sur la valeur de la cantatrice.

Ici je dois constater un fait, à savoir que le succès de *la Juive* à Bruxelles, a été beaucoup plus grand qu'à Paris. D'où vient cela? L'orchestre de Paris était-il inférieur à celui de Bruxelles? Il serait au moins ridicule de le penser quand, de l'avis de tous les grands maîtres, il est reconnu que l'on chercherait en vain une exécution plus parfaite qu'à Paris, sous tous les rapports. Les artistes de l'Opéra n'étaient-ils plus les premiers chanteurs du monde? Nourrit, jouait *Éléazar*, M<sup>lle</sup> Falcon *Rachel*, Levasseur *le Cardinal*, Lafont *Léopold*, M<sup>me</sup> Dorus la *Princesse*. Conçoit-on une réunion d'artistes plus parfaite et un ensemble plus intelligent? On a dit que les magnificences de la mise en scène, que la pompe du spectacle avait écrasé la valeur artistique de la pièce. Que ce soit cette cause-là ou une autre, il n'est pas moins vrai que le succès de Bruxelles fut plus grand que celui de Paris.

On me demandera si je veux en attribuer le mérite à M^{me} Stoltz? Dieu m'en garde! mais elle n'y a pas nui, et ce serait déjà beaucoup pour la jeune artiste. Mais cette fois elle avait conquis les suffrages des plus difficiles, et l'admiration enthousiaste de tous. Chacun fut d'accord pour voir dans la sublime création de Rachel, la transfiguration de l'artiste : on y trouva l'expression la plus élevée et la plus complète du sentiment tragique, et le cachet d'un génie désormais incontestable. Aussi, froids et réservés quand ils doutent encore, les Bruxellois, forcés enfin à l'admiration, firent à la cantatrice un triomphe véritablement olympien.

Comme si la création du rôle de Rachel avait épuisé ses forces, M^{me} Stoltz fut obligée de s'éloigner momentanément du théâtre. L'inquiétude des amateurs qu'elle avait enthousiasmés était excessive ; on fit même courir le bruit qu'elle était morte. Heureusement elle vint elle-même rassurer ceux qui tremblaient de ne plus la revoir, et, lorsqu'elle reparut sur la scène illustrée par ses succès, la foule fut saisie d'une de ces émotions convulsives tellement fortes, qu'en saluant l'artiste on eût dit que chacun des spectateurs assistait à une véritable résurrection.

Peu de temps après la rentrée de M^me Stoltz, Adolphe Nourrit, de regrettable mémoire, vint donner quelques représentations sur le théâtre de la Monnaie. Après une *Rachel* aussi accomplie que l'était M^lle Falcon, *Éléazar* pouvait-il se douter qu'il allait en retrouver une autre digne aussi de le comprendre? Aussi joua-t-il d'inspiration! Et l'on se souviendra toujours de cette belle soirée du 3 juin 1836 quand, dans le récitatif du dernier acte, la Juive, au milieu des tremblements de sa voix et de tout son corps, dit : — Mon père, j'ai peur! — Ah! c'est très bien! ne put s'empêcher de s'écrier à haute voix Nourrit. Tous deux avaient le visage inondé de larmes, et le parterre et les loges, immobiles derrière leurs lorgnettes, prenaient ces impressions véritables pour une sublime feinte.

Cette représentation mémorable décida du sort de M^me Stoltz; une telle Rachel avait désormais marqué sa place à l'Académie royale de musique. Nourrit se chargea d'être son parrain et de répondre pour elle; elle le laissa faire, et il lui obtint un magnifique engagement. Mais comme plus d'une année devait encore s'écouler avant ses débuts à l'Opéra, elle en profita pour ajouter encore à la perfection de ses études. Studieuse avant tout, M^me Stoltz n'a jamais voulu exprimer une phrase musicale ou littéraire, sans en comprendre et en étudier toute la valeur et toute la portée ; elle n'a jamais pensé que la révélation du génie pouvait être séparée d'une érudition profonde, complète et exacte, surtout quand il s'agit d'exprimer les sentiments et les passions dont l'histoire a conservé la tradition : à mesure qu'elle avançait dans la connaissance des œuvres des grands maîtres, et que son talent s'identifiait avec leur génie, il lui semblait qu'elle avait encore de nouvelles connaissances à acquérir, et elle trouvait encore le moyen d'utiliser au profit de l'art les rares instants que son service de chaque jour lui laissait, et que d'autres qu'elle auraient consacrés à un juste repos, ou à de frivoles plaisirs.

Elle n'a rien voulu laisser échapper de tout ce que le véritable comédien doit savoir ; elle a voulu connaître tous les secrets du cœur humain, afin de peindre toutes les sensations et de les faire partager à la foule qu'elle a pris pour mission d'impressionner. A l'exemple de Talma, elle a voulu aussi pouvoir donner à tous les personnages qu'elle avait à représenter leur véritable caractère historique; et chaque fois qu'elle avait un rôle à créer, elle n'a voulu rien ignorer de la vie de l'héroïne qu'elle devait interpréter, ni de l'époque à laquelle elle appartenait. Aussi cette connaissance approfondie des personnes et des choses, cette vaste érudition acquise par de si laborieuses études, a-t-elle fait de M^me Stoltz une femme aussi remarquable dans sa vie privée que dans sa vie d'artiste.

C'est avant de quitter Bruxelles que, le 2 mars 1837, elle épousa M. Alphonse-Auguste Lécuyer, de Rouen. « Les cantatrices devraient-elles se ma-« rier! observe à ce sujet un écrivain dramatique; « mais, ajoute-t-il, en soumettant sa personne à « l'autorité d'un époux, elle eut le légitime orgueil « de garder son nom charmant, d'origine moitié « espagnole et moitié allemande. »

L'année 1837 doit marquer dans les annales de l'Opéra. D'abord les débuts de Duprez et la retraite de Nourrit, que l'on ne devait plus revoir, ensuite ceux de M^me Stoltz, qui allait remplacer définitivement M^lle Falcon, alors qu'elle avait espéré n'être que son émule, sinon sa rivale.

Ce fut le 25 août 1838, que M^me Stoltz débuta à

l'Opéra par le rôle de la Juive. Elle sortit victorieuse de cette épreuve décisive. Un organe étendu et puissant, vrai timbre d'or, qui passe avec facilité des notes aiguës du soprano aux cordes graves du contralto; un visage expressif, des gestes naturels sans trivialité, une démarche aisée, mais pleine de noblesse, prévinrent tout d'abord en faveur de la débutante, quoique Nourrit ne fût plus là pour la protéger. Elle parut enfin digne de la scène où régnait encore M^lle Falcon. Ne semble-t-il pas qu'elle venait encore, comme à Anvers, au secours d'une direction qui allait se trouver au dépourvu par la perte d'une des plus belles voix que l'on ait entendues. M^me Stoltz continua ses débuts dans *Valentine des Huguenots*, et quelques mois après le rôle de *dona Anna de don Juan* lui donna le sceptre de notre opéra.

Reine par le talent, on attendait cependant encore d'elle la création de nouveaux rôles : elle n'a point failli aux espérances qu'on avait conçues d'elle, et a prouvé que les rôles d'un caractère tout opposé n'étaient point au-dessus de ses forces : La courtisane *Ricciarda* était loin de la tendre *Valentine des Huguenots*, et elle s'est montrée dans ce rôle comédienne consommée. Le rôle d'*Ascanio de Benvenuto Cellini* est venu ensuite nous la montrer sous un jour nouveau ; et celui de *Marguerite du lac des Fées* nous a enfin montré qu'aucune difficulté ne pouvait résister à la souplesse de son talent.

Je n'ai plus qu'à énumérer les autres rôles créés par M^me Stoltz, et qui l'ont rendue à jamais célèbre, pour terminer le récit de la partie de sa carrière artistique, qui finit au premier mai 1847. Les dix rôles qui composent cette liste sont autant de fleurons qui donnent un éclat impérissable à la plus belle couronne que peut ambitionner une artiste, *Léonor* dans la *Favorite*, la *Reine de Chypre*, *Odette* dans *Charles VI*, *Xacarilla*, *Zaïda* dans *dom Sébastien de Portugal*, *Estrella* dans *l'Étoile de Séville*, *Desdemone* dans *Othello*, *Marie Stuart*, le *Lazarone* dans *Robert Bruce*.

A côté de la gloire qui s'attache à tous ces rôles, le premier et le dernier marqueront péniblement dans les souvenirs de M^me Stoltz. En effet, en jouant le rôle de la *Favorite*, elle était devenue la favorite de tous les amateurs de la belle musique et de tous ceux qui admirent ce qui est grand, beau, et élève l'âme. Mais l'envie, qui ne pardonne pas les succès d'un talent supérieur, se mit à l'œuvre pour tuer une renommée protégée par d'unanimes applaudissements, en fouillant sans pudeur dans la vie privée de l'artiste ; ou lui attribua, dans des termes qui frisaient l'*obscénité*, une influence funeste pour le théâtre, désastreuse pour la direction, dont on lui faisait un crime d'être la favorite.

Enfin, à la première représentation de *Robert-Bruce*, une misérable cabale ne craignit pas d'affronter l'indignation publique, en outrageant, au milieu d'une brillante et solennelle assemblée, cette femme dont tout le crime était de n'avoir été surpassée par personne pour son talent. Un de ces gentilshommes d'origine suspecte, misérables parodistes des roués d'une époque de dépravation, osa, en présence des princes, faire entendre une de ces apostrophes qu'on ne se permet pas impunément, même dans les plus mauvais lieux. Mais, surprise par une insulte aussi étrangement grossière, M^me Stoltz pouvait-elle n'en être pas profondément affligée ? Pouvait-on raisonnablement lui imputer à mal un mouvement d'indignation dont elle n'a pas été maîtresse ? Je voudrais bien connaître l'homme assez insensible pour retenir un cri de douleur à la morsure d'un chien enragé ? D'ailleurs ici, la sympathie publique n'a pas plus fait défaut à la femme outragée, que les applaudissements n'ont manqué à la cantatrice, et, si le mépris des honnêtes gens est le partage de la malveillance, M<sup>me</sup> Stoltz a été suffisamment vengée.

On a fait un grief à la direction de l'Opéra d'avoir accepté un pastiche, au lieu d'une partition toute nouvelle et entièrement neuve, et, pour l'en punir, on a voulu faire tomber la pièce par un scandale inouï, et en insultant une femme ! C'est à ne pas y croire. Mais le *Siége de Corinthe* ne se présentait pas avec autant d'éléments de succès que *Robert-Bruce ;* le libretto n'était lui-même qu'une traduction, tandis que le poème de la pièce nouvelle, bien qu'emprunté, pour le sujet, au premier romancier de l'Écosse, n'en est pas moins entièrement neuf. Ceci d'ailleurs est affaire entre le public et la direction, et ce n'était pas une raison pour insulter une femme.

On reproche aussi à M<sup>me</sup> Stoltz de prendre ombrage de tous les talents qui pourraient s'élever auprès d'elle, et d'avoir, dans toutes les pièces nouvelles, fait sacrifier au profit des siens, tous les autres rôles. Un pareil reproche est au moins une maladresse, car c'est accuser d'une lâche condescendance les poètes et les musiciens qui ont travaillé pour l'Opéra depuis que Mme Stoltz y tient le sceptre du chant. Et je ne pense pas que les Scribe, les frères Delavigne, les Waez, les Alphonse Royer, les Émilien Paccini, les Deschamps et les Théodore Anne d'une part; et les Halevy, les Auber, les Donizetti, les Niedermayer et les Ambroise Thomas d'une autre, soient gens à se soumettre aveuglément aux exigences et aux caprices d'une chanteuse, quelque célèbre et puissante qu'elle soit. Du reste, il est très probable que, si l'on pouvait soulever le voile qui cache certains mystères des coulisses, on verrait bien que l'intrigue et la malveillance ne sont pas tout à fait étrangères aux mésintelligences des artistes entre eux, et qu'à leur insu ils ont été souvent animés les uns contre les autres dans un but qu'ils n'ont pas aperçu.

Il est opportun de donner ici quelques éclaircissements sur les cantatrices qui ont débuté à l'Opéra et sur celles qui en sont sorties depuis que Mme Stoltz y tient le premier emploi. On jugera s'il est vrai qu'elle ait usé de son influence pour les faire renvoyer, et si elle est assez puissante pour forcer la direction à commettre, en sa faveur, le moindre acte d'injustice. A ce sujet, M. Léon Pillet, dans son mémoire à la commission des théâtres royaux, oppose le défi le plus formel.

Nous dirons d'abord qu'au moment des débuts de M^me Stoltz, en 1838, on ne lui confia les rôles de la *Juive* et des *Huguenots*, que lorsque la retraite de M^lle Falcon parut imminente, et que les symptômes de la perte de sa voix furent d'une évidence certaine. La direction ne s'aveugla point non plus par l'éclat de son talent pour exagérer le chiffre de ses appointements, car M^lle Falcon avait, au moment de sa retraite, 72,000 fr. de traitement et deux mois de congé, tandis que M^me Stoltz n'a jamais eu plus de 58,000 fr. et un mois de congé.

Dans la question de rivalité, la critique a souvent parlé de M^me Dorus-Gras, et on a prétendu que cette cantatrice ne s'était retirée de l'Opéra que parce qu'elle portait ombrage à M^me Stoltz. Un tel reproche est absurde, parce que la nature du talent de M^me Dorus-Gras n'a aucune analogie avec celui de M^me Stoltz; parce que, pour la première, il faut

éviter les situations dramatiques, afin de lui trouver des prétextes de vocalises, tandis qu'avec la se-
conde, le poëte et le compositeur ne sont pas gênés
pour combiner une diction dramatique puissante
et dont l'intérêt n'est pas exposé à être scindé par
de brillantes vocalises, par des gammes chromati-
ques d'une remarquable précision, et par des rou-
lades d'une hardiesse admirable. Et comme les rôles les plus importants sont ceux qui présentent le
plus de situations dramatiques, il arrive que ceux
qui conviennent à la nature du talent de M<sup>e</sup> Dorus,
n'ont plus qu'une importance secondaire. C'est ce
qui est arrivé dans *Charles VI,* et il ne pouvait en
être autrement; c'est aussi ce qui arrive dans *la
Juive*, dans les mêmes proportions, puis dans *les
Huguenots*, et enfin dans *Robert le Diable,* où, cependant, la différence est presque insensible; et, à ce
sujet, a-t-on songé à reprocher à M<sup>lle</sup> Falcon d'avoir
fait diminuer l'importance des rôles de M<sup>me</sup> Dorus
et de M<sup>me</sup> Damoreau, dont la voix délicieuse et tant
admirée, se prêtait peu aux grandes situations dramatiques.

Pour remplacer M<sup>me</sup> Dorus-Gras, la direction a
engagé M<sup>me</sup> Rossi-Caccia, parce que le très grand

succès avec lequel cette cantatrice a chanté les rôles de *Norma* et *d'Anna-Bolena* avait montré qu'elle
avait les ressources dramatiques que l'on recher-
chait. Mais pourquoi cette cantatrice n'est-elle plus
à l'Opéra, qu'elle regrette encore et où elle a été
fêtée ? C'est qu'au moment de son entrée à l'Opéra,
elle avait contracté, avec le théâtre de Lisbonne,
un engagement qu'elle n'a pu rompre et qu'elle a
dû remplir.

M^lle Heîneffetter, très jolie femme et Marseillaise
d'origine, est restée dix mois à l'Opéra, mais on a
pu juger que son service, pendant ce temps, n'a
pas répondu à l'éclat de ses débuts. D'ailleurs, sa
voix faiblissait sensiblement, et de fréquentes indispositions suscitaient tous les jours de nouveaux
embarras à la direction. Ce fut surtout à l'occasion
d'une de ses indispositions, que l'on fit débuter
spontanément M^lle de Roissy, dans le rôle d'*Alice*.
Le succès de la débutante surpassa l'attente géné-
rale, ses manières gracieuses et distinguées, et sa
jolie voix lui méritèrent la bienveillance du public
qui voulut bien l'adopter pour remplacer M^lle Heinefetter, dont l'engagement ne fut pas renouvelé.

Depuis six ans que M^lle de Roissy est à l'Opéra,

son engagement a été renouvelé trois fois, et je pro-
fite de l'occasion pour rapporter ici qu'elle disait à
quelqu'un le jour de la représentation au bénéfice
de M^me Stoltz : « Je serais bien fâchée que M^me
« Stoltz attribuât à un manque d'obligeance mon
« absence du théâtre aujourd'hui ; elle a toujours
« été si polie et si bonne avec moi, que j'aurais
« véritablement bien voulu lui prouver mon désir
« de lui être agréable. »

L'engouement des Italiens pour M^lle Loève avait
fait penser à elle; mais, en Italie, elle a si faible-
ment soutenu la réputation exagérée qu'on lui a
faite à Berlin, qu'on ne sait comment justifier la
demande de 50,000 fr. pour huit mois qu'elle faisait. La direction n'aurait donc pu raisonnablement se hasarder à traiter avec elle.

Quant à Pauline Garcia (M^me Viardot), il ne pouvait pas être question d'elle, puisque la direction,
qui possédait dans M^me Stoltz un *mezzo-soprano,*
recherchant un *soprano dramatique* qui lui manquait, ne l'aurait pas trouvé dans cette cantatrice.
M^me Viardot à l'Opéra, avec M^me Stoltz, ne comblait
pas la lacune et elle créait au contraire des embarras.

Ne trouvant rien sur les théâtres de l'étranger et de premier ordre en province, M. Léon Pillet se tourna vers le Conservatoire, et toutes les élèves qui donnaient de sérieuses espérances furent admises aux débuts. M<sup>lles</sup> Betti Beausire, Mondutaigny, Dameron, etc., ont été engagées et applaudies du public bienveillant, qui a bien voulu les encourager ; cependant ces cantatrices ont quitté le théâtre.

Voici, à ce sujet, ce qui est à notre connaissance et qui nous vient directement de ces cantatrices : M<sup>lle</sup> Dameron, élève du Conservatoire de la classe de Duprez, a débuté, le 1<sup>er</sup> octobre 1845, dans *Alice* de *Robert le Diable*, et successivement dans les rôles de *Marguerite* et de *Valentine* des *Huguenots ;* mais, prise tout à coup d'une maladie grave, elle fut en effet fort longtemps sans reparaître à l'Opéra. Cette cantatrice vient de faire sa rentrée dans le rôle de *Marie de Douglas* de *Robert Bruce*, où elle a eu du succès. Sa voix est fort jolie, et un charmant naturel anime son jeu.

M<sup>lle</sup> Mondutaigny, lauréat du Conservatoire, élève de Bordogni et de Levasseur, a débuté, il y a trois ans, dans les rôles de M<sup>lle</sup> Falcon, mais des motifs de famille contre lesquels elle ne pouvait lutter alors l'ont engagée à se retirer du théâtre. Elle vient d'y reparaître, le 9 mai dernier, dans la *Reine de Chypre;* elle y a été beaucoup applaudie. Son jeu et sa voix ont fait de très grands progrès. Cette jeune cantatrice, fort jolie, et d'une modestie qui fait aisément reconnaître la bonne éducation qu'elle a reçue de ses parents, se trouve heureuse et reconnaissante en même temps de l'accueil bienveillant qu'elle a reçu du public et qu'elle n'accepte que comme d'honorables encouragements. Voici comment elle s'exprime, et son esprit ne permet pas de suspecter sa bonne foi : « M. le directeur « n'a pas été mécontent de moi, et MM. les régis- « seurs m'ont fait leurs compliments; mais je re- « grette beaucoup M^me Stoltz. Ce talent, d'une aussi « grande supériorité, ne peut être qu'utile à étu- « dier; elle ne m'eût pas refusé ses conseils, bien « sûr, car je l'ai toujours trouvée bonne et bien- « veillante. »

M^me Stoltz est donc étrangère à leur éloignement momentané du théâtre.

Ici encore a-t-on un reproche à adresser à M^me Stoltz?

M^lle^ Betti Beausire, élève de Nicout-Choron, professeur distingué et digne du grand maître dont il descend, et ensuite de Duprez, a débuté il y a trois ans, et son succès fut beau et grand. M^lle^ Beausire est une charmante personne d'un ton exquis, fort jeune encore, et déjà une brillante cantatrice; elle donnait enfin les plus belles espérances. Mais les parents de cette demoiselle, connaissant la faiblesse de sa santé, jugèrent qu'il serait prudent qu'elle changeât quelque temps de climat; ils l'emmenèrent en Italie, dont le séjour eut pour elle les plus heureux résultats. D'un autre côté, son talent devait nécessairement gagner dans un pays où la musique est en terre classique. Mais elle est de retour et nous allons la revoir; ses débuts sur notre grande scène lyrique sont annoncés comme très prochains.

M^me^ Méquillet. Cette cantatrice avait une fort jolie voix et eût été certainement une personne à conserver, mais elle avait une affection à la vue qui nuisait à son talent; il arrivait fort souvent qu'il fallait l'amener par la main sur la scène; elle a été remplacée par M^lle^ Moisson.

M^me^ Widmann, qui avait été engagée pour les rôles

secondaires, faisait double emploi avec M^lle Moisson ; mais comme celle-ci avait une voix plus belle encore que celle de la première et d'une plus grande étendue, elle fut conservée. En effet, cette jeune cantatrice avait obtenu, dans un concert du Conservatoire, un succès tel, que le directeur du théâtre de Rouen, qui y assistait, vint lui offrir de suite un engagement de 10,000 francs. Mais M^lle Moisson se devait à l'Académie royale de musique, qu'elle n'a pas quittée depuis le 23 avril 1846, et où elle a montré un zèle dont le public lui a tenu compte.

Nous avons encore M^lle d'Halbert et M^me Rabi, sujets éminemment utiles à la direction.

M^me Rabi, élève du Conservatoire, a débuté le 23 juillet 1846, et a obtenu un succès mérité ; mais le talent de cette gracieuse et spirituelle cantatrice s'est fait particulièrement connaître dans le rôle de *Lucie*, qu'elle a joué plusieurs fois avec de grands applaudissements. Nous savons que cette cantatrice, dont l'esprit est au-dessus des intrigues et de la malveillance des coulisses, ne sait que rendre justice au vrai talent.

M^lle d'Halbert, élève du Conservatoire et de M^me Damoreau. Cette charmante cantatrice a joué successivement avec avantage dans *Robert le Diable*, *Guillaume Tell*, etc. Mais le public l'a surtout applaudie dans le rôle d'*Elvire*, qu'elle a joué avec modestie et dignité.

A quelqu'un qui disait à cette jeune personne que M. Pillet avait fait une grande perte, elle répondit : « C'est vrai, vous voulez parler de M^me Stoltz ; « mais je pense qu'elle reviendra ; il sera si diffi- « cile de la remplacer, et l'Opéra ne pourra se pas- « ser d'un talent comme le sien. »

Nous connaissons les autres dames et nous avons eu souvent l'occasion de les entendre parler : jamais elles n'ont fait entendre un seul mot contre M^me Stoltz. Elles sont au contraire d'accord pour se louer de ses bons procédés et trouver qu'il est regrettable, surtout pour les actrices qui commencent leur carrière, de perdre un talent, près duquel elles eussent pu se fortifier.

M^lle Nau est à l'Opéra depuis 1836, et elle y débuta subitement sans y avoir été préparée, par le rôle du page des *Huguenots*, par suite d'une grave indisposition de M^lle Flécheux. Élève de M^me Damoreau, M^lle Nau s'est constamment montrée digne de son modèle auquel elle ressemble par la suavité de son organe. Voici au surplus comment s'exprime sur son compte J. Arago, et le public tout entier n'a qu'une voix pour ratifier son jugement. « Voici « une jeune et gentille personne au talent frais, « à la méthode parfaite, à l'organe embaumé, aux « manières élégantes ; elle a plus que de l'esprit, « plus que de l'indulgence. Elle comprend les fai- « blesses du cœur ; la honte et la dégradation sont « seules au-dessus de son intelligence. La conversa- « tion de M^lle Nau est une musique, ses mots sont « des pensées ; on l'écoute des yeux et de l'âme à la « fois. » Le *Lac des fées* lui offrit l'occasion de créer l'un des plus jolis rôles de son emploi ; et enfin dans l'*Ame en peine*, elle a été ravissante de grâce et de noblesse.

Pourrait-on citer un fait seulement qui pourrait faire soupçonner qu'elle ait été gênée dans son em- ploi, et qui ait été un obstacle au développement de son délicieux talent? Elle-même se chargerait de répondre. Je sais d'ailleurs, et tout le monde peut le savoir, que liée d'amitié avec M^me Stoltz, elle a été vivement affligée des bruits que l'on avait ré- pandus sur les mauvais procédés que l'on attribuait contre elle à notre grande cantatrice ; et dernièrement elle exprima ses regrets de n'avoir pu voir M^me Stoltz dans une maladie qui l'avait éloignée pendant quelques jours du théâtre, et qui avait retardé la représentation de *Robert Bruce.*

Enfin, voici comment s'exprime M. Léon Pillet dans son mémoire à la commission des théâtres royaux : « Sa première création (de M^me Stoltz) fut « le rôle de *Léonor* de la Favorite. Dès ce moment, « tous les compositeurs voulurent écrire pour elle; « trop heureux moi-même, dans la pénurie dont on « se plaignait déjà, de trouver une artiste au suc- « cès de laquelle la vogue pût s'attacher, je dus « naturellement seconder ses efforts; mais je crois, « permettez-moi de vous en donner l'assurance, « n'avoir fait en cela que ce qu'eût fait tout « autre directeur dans l'intérêt du théâtre. Par « suite de préventions qui ont été un malheur que « j'ai toujours voulu détruire par mes actes, mais « qui ont été trop habilement exploitées par la mal- « veillance, je me suis vu accuser d'une foule d'in- « justices qu'aucun entraînement ne m'aurait ja- « mais fait commettre, et contre lesquelles je vous « demande la permission de protester... »

En résumé, on n'a jamais articulé contre M^me

Stoltz aucun fait positif; il n'y a jamais eu contre elle que des accusations vagues et de basses calomnies. Mais on s'est bien gardé de rechercher s'il lui est arrivé de rendre des services, de soulager des infortunes, de calmer des souffrances, et de consoler le malheur. A-t-elle jamais refusé de jouer à un bénéfice, de chanter dans un concert au profit de quelques malheureux? L'argent qu'elle a gagné si légitimement, a-t-elle oublié d'en faire la part des pauvres? Naguère encore n'a-t-elle pas été porter la large et féconde offrande de son talent aux inondés de la Loire?

On se rappelle qu'elle a joué à Orléans, il y a quelques mois, au bénéfice des inondés de la Loire; on sait aussi combien la représentation a été solennelle; l'enthousiasme qu'elle a provoqué; et que les autorités lui ont décerné un hommage public (1).

Et maintenant qu'elle se retire, qu'elle fait ses adieux au public, qu'elle laisse le champ libre à ses

(1) Une des notabilités allant remercier Mme Stoltz de s'être dérangée pour cet acte de bienfaisance, s'est exprimé en ces termes : « Nous vous rendons grâce, Madame, « pour le bien que vous venez de faire; soyez sûre que la « ville d'Orléans n'oubliera jamais votre nom. »

adversaires, ne trouvera-t-on pas encore moyen d'incriminer sa retraite? Qui sait! Ne viendra-t-on pas dire que cette retraite est calculée, que si elle se retire aujourd'hui, c'est pour revenir demain imposer des conditions impossibles?

Nous verrons bien. En attendant, on parle de propositions brillantes qui seraient faites par la Russie. Qu'importe que ce soit la Russie, ou l'Italie, ou l'Angleterre, ou l'Allemagne qui lui tende les bras, le théâtre ne lui manquera pas, pas plus que la caisse de ce théâtre. Mais on dit que son intention est de rentrer dans la vie privée. A cela je dirai, comme le spirituel feuilletoniste du *Siècle* : Est-ce que c'est possible? Après avoir dit M^me Stoltz premier sujet de l'Académie royale de musique, est-ce qu'on peut dire M^me Stoltz rentière? Qu'une artiste ne survive pas à son talent, qu'elle se retire alors qu'il commence à perdre de sa puissance, cela se comprend : c'est sage, c'est prudent. Mais on ne se retire pas à l'âge de M^me Stoltz, et surtout quand la voix n'a rien perdu de sa fraîcheur, de sa pureté, de son éclat, et quand, au contraire, on joint à cette voix si bien accentuée et si vibrante qui gronde et qui murmure, qui rit et qui pleure, qui gazouille dans les hauts registres du soprano le plus aigu, et qui descend dans les profondeurs du contralto le plus grave, un talent dramatique si gracieux et si coquet, si séduisant et si énergique, qui n'a fait que gagner en maturité, en valeur et en méthode, on ne peut pas renoncer aux applaudissements de la foule, et à l'ivresse des succès. Nous devons donc espérer de la revoir, avant qu'il s'écoule un long temps, plus brillante et plus applaudie que jamais sur la scène où elle a régné par le talent pendant dix ans.

Mais, en attendant, par qui essaiera-t-on de la remplacer? Est-ce par M^lle Jenny Lind, cette fantastique tragédienne lyrique? Mais elle a refusé positivement et publiquement de venir demander à notre scène la consécration de son talent? A cet égard j'invoquerai la lettre de cette cantatrice à M. Vatel, directeur du théâtre italien, qui, comme M. Léon Pillet, avait eu la pensée de l'attacher à son théâtre.

Berlin, le 9 décembre 1845.

« Monsieur le directeur,

« J'ai eu l'honneur de recevoir votre lettre du « 13 novembre, et je vous demande bien pardon de

« vous avoir laissé si longtemps sans répondre ;
« mais avant de vous répondre, il m'a fallu réflé-
« chir.

« Je me suis décidée, Monsieur, de rester en
« Allemagne, pour le peu de temps que je resterai
« au théâtre, et y poursuivrai ma carrière artisti-
« que.

« Car, plus j'y pense, plus je suis persuadée que
« je ne suis pas pour Paris, et Paris pas pour
« moi.

« Je quitte le théâtre dans un an d'ici, et jusqu'à
« ce temps-là, je suis si occupée en Allemagne, que
« je ne pourrais accepter aucun engagement, soit à
« Paris, soit à Londres.

« Permettez-moi, cependant, de vous exprimer
« ma reconnaissance de ce que vous m'avez crue
« digne de paraître devant le premier public du
« monde ; mais soyez aussi persuadé, monsieur le
« directeur, que je vous fasse moins de tort en ne
« me risquant de vous faire un démenti. »

« Agréez, etc.

« JENNY LIND. »

J'ai en outre entre les mains un document irrécusable qui établit que M^lle Lind a refusé, encore cette année, un engagement proposé par M. Léon Pillet.

Tout espoir cependant est-il perdu? Je me garderai bien de le prétendre, puisque, contrairement à ce qu'elle avait écrit à M. Vatel, elle prolonge sa carrière artistique, et est en ce moment à Londres pour servir de prétexte à la mutilation de *Robert le Diable*, arrangé à l'anglaise dans un idiome qui a la prétentieuse ambition de passer pour de l'italien. Cette circonstance et sa reconnaissance pour M. Meyerbeer la détermineront-elles enfin à venir à Paris? Cela paraît douteux; car, pour parler son langage, Paris ne paraît plus être pour elle, puisqu'elle dit qu'elle n'est pas pour Paris. Il y a au surplus de petites exigences auxquelles il faudrait souscrire, et qui pourraient bien *être d'énormes difficultés.* Le directeur de Paris consentirait-il à offrir à M^lle Lind, pour une saison de huit mois, 100,000 fr., un équipage à deux chevaux, une table dont la somptuosité répondît au reste, et servie chaque jour pour six couverts. Voilà l'*ultimatum* de M^lle Jenny Lind, tel que les journaux anglais l'ont rapporté; le public jugera par là de la modestie de cette cantatrice.

3.

Il y a bien M^{me} Viardot (Pauline Garcia) qui n'a plus, il est vrai, les raisons que j'ai exposeés plus haut pour ne pas accepter un engagement à Paris; mais la manière toute royale dont elle est traitée par le roi de Prusse, ne nous laisse aucune espérance à son sujet. Sera-ce sa cousine Eugénie Garcia? Personne ne peut y penser, pas même elle.

Il serait à désirer que quelque temps de plus se soit écoulé pour M^{lle} Élise de Barge, et qu'elle consentît à partager ses succès de salon avec les études de la scène, elle serait sans contredit une charmante actrice. Cette jeune cantatrice passa la dernière saison aux Italiens sous le nom d'Albini, et elle s'est fait entendre dans un concert qui eut lieu le 14 avril dernier à la nouvelle salle de Sax. La manière dont elle a chanté la prière de la *Vestale* et un morceau d'*Ernani*, donne les plus belles espérances; sa voix est d'une grande étendue, elle a de la puissance, elle est large et sonore. Mais M^{lle} de Barge, à qui on ne peut refuser les brillantes qualités de cantatrice, et qui a si heureusement profité des leçons de Garcia, son maître, a encore beaucoup à faire pour être comédienne, pour connaître la scène et composer un rôle, et

enfin pour se montrer dans le grand répertoire de
la première scène lyrique.

On parle de M<sup>me</sup> Dur-Laborde, née à Paris, sous
les noms de Rosalie-Henriette Bédiez, et que nous
avons connue aux Italiens sous le nom de Villaumi,
à cause du nom de Villaume, qui fut le deuxième
mari de sa mère. Mais voici le jugement que porte
sur cette cantatrice un écrivain connu à Bruxelles
pour sa sévère impartialité :

« M<sup>me</sup> Laborde joue dans le Grand-Opéra et l'O-
« péra-Comique. Nous ne parlerons pas de son mé-
« rite assez mince comme comédienne, mais nous
« louerons en elle la chanteuse ; sur ce dernier
« point nous serons plus à l'aise. En effet, M<sup>me</sup> La-
« borde a une jolie voix de soprano, un peu faible
« et parfois inégale, mais elle la dirige avec un
« goût exquis et une méthode parfaite. Ce qu'il
« y a de remarquable chez elle, c'est l'aisance avec
« laquelle elle exécute des traits d'une effrayante
« complication ; à l'entendre, à la voir, il semble-
« rait qu'elle essaie les choses du monde les plus
« simples, et que chacun pourrait en faire au-
« tant. Ses vocalises sont d'une inimitable perfec-
« tion ; un trille, une gamme chromatique, ces
« deux écueils devant lesquels viennent échouer

« les prétentions de toutes les cantatrices, ne lui
« coûtent aucun effort; il semble qu'elle en ait la
« faculté innée. »

Après une telle appréciation, dont on ne peut
contester la bonne foi, le talent de M^me Laborde
laisse trop à désirer pour combler le vide laissé
pâr M^me Stoltz?

M^me Nathan Treillet en a-t-elle plus? Je ne crois
pas. Elle a paru à l'Opéra, et les opinions sur son
compte, déjà fort partagées, ont été cependant à
peu près d'accord pour lui contester ses prétentions
à la première place.

Ou bien M^lle Julian? Les études de cette cantatrice ont sans doute été plus solides que celles de
la précédente, car elle suivit au conservatoire les
cours de Martin et de Bordogni, et d'un autre côté, avec sa jolie figure, sa belle prestance, on se
plaît à lui reconnaître des intentions vraiment dramatiques. Mais son talent, qui promet peut-être
beaucoup, ne peut encore la placer au premier rang.

On parle encore beaucoup dans le monde musical, de M^lle Peytieux comme cantatrice d'une voix
suave et légère, cette jeune personne, parfaite mu-
sicienne, élève de M^me Damoreau, s'est fait entendre sur différentes scènes et dans plusieurs con-

certs ; le charme de sa voix promet de devenir un talent des plus remarquables, mais elle a encore besoin d'études scéniques avant d'aborder un de nos grands théâtres lyriques.

Il y a bien aussi M^lle Julien (Sophie), qui, comme M^lle Julian, a vu le jour à Bordeaux, qui était danseuse avant d'être cantatrice. Il est vrai que ses études musicales ont été peut-être plus heureuses que celles de M^lle Julian, mais les préventions passionnées qu'elle aurait à combattre et qui ne lui manqueraient pas la feront peut-être reculer devant l'épreuve terrible des débuts.

Nous ne pouvons oublier ici M^me Jacoby (Caroline Barrière), née aussi à Bordeaux le 4 mars 1824, et que les principales villes du midi ont admirée comme une merveille. En effet, après avoir été confiée, dès sa plus tendre enfance, à M. Bizot, l'un des premiers professeurs de la province, elle débuta, à l'âge de treize ans et dix mois, dans le *Bouffe et le Tailleur.* Peu de temps après elle joua le page *Urbain* dans les *Huguenots.* L'année suivante elle fut engagée pour Toulouse, où elle obtint de véritables succès ; elle joua même le rôle de Léonor de la *Favorite* d'une manière si remarquable, que

M. Gustave Vaez, l'un des auteurs du *Libretto*, lui adressa un sonnet que nous sommes tenté de reproduire ici :

« Léonor me semblait une ébauche incomplète
Où le vers traduit mal mon rêve de poète,
Vous me l'avez chanté ce rôle, et j'ai trouvé
Dans vous ce qui dans l'œuvre était inachevé.

Oui, Léonor est belle, elle est noble et touchante
Lorsqu'avec votre voix et votre âme elle chante.
Elle est chaste, elle est pure, en vain on l'avilit ;
La douleur la relève et l'amour l'ennoblit.

On voudrait de son front écarter l'anathème,
On sent pour elle au cœur un immense intérêt,
Et Fernand tarde trop à lui dire : Je t'aime !

Lorsque l'on crée ainsi l'on doit tout à soi-même ;
L'œuvre est toute à l'artiste, et l'auteur disparaît :
J'ai fait un Libretto, vous faites un poème. »

M. Gustave Waez, qui avait si poétiquement applaudi cette jeune et jolie cantatrice, n'a pu l'oublier, et l'on m'assure que, lorsque la retraite de M^me Stoltz a été décidée, il s'est hâté de solliciter ses débuts à l'Opéra, mais que n'étant pas assez sûre d'elle et doutant de ses forces pour remplacer dignement notre grande cantatrice, M^lle Caro-

line, devenue M^me Jacoby depuis 1841, s'était déterminée à accepter un engagement pour Bordeaux,
sa ville natale.

Enfin on parle encore de M^lle Durand, charmante
cantatrice que les Rouennais applaudissent avec enthousiasme, mais qui n'est pas encore, à mon avis,
la cantatrice et la tragédienne destinée à remplir le
vide laissé à l'Opéra.—Citerai-je aussi M^lle Mathilde
In de Betou, fille d'un colonel d'artillerie de Suède,
mais Hollandaise d'origine. Cette cantatrice, de
figure gracieuse et de taille svelte, a eu pour maître le célèbre professeur Garcia. Mais M^lle Mathilde,
présumant peu de ses forces, ne se croit pas encore digne de débuter sur notre scène lyrique,
et elle attend à Paris M^me Érikson, l'ex-maîtresse
de Jenny Lind, pour prendre, auprès de ce professeur de renom, des leçons de déclamation lyrique.

Comme on le voit, nous avons cherché vainement
à remplacer M^me Stoltz, et de toutes celles des
sommités qui sont posées comme ses concurren-
tes, en est-il une qui ait un talent aussi complet
que le sien ?

La retraite de M^me Stoltz est chose fâcheuse pour

tout le monde. Pour la direction d'abord, parce que le répertoire et les études doivent en souffrir; pour les amateurs ensuite, parce que les représentations de débuts ne sont jamais amusantes, que l'intérêt personnel s'y manifeste avec passion et d'une façon souvent turbulente; puis pour les artistes, parce qu'une certaine perturbation est inséparable d'une pareille retraite; pour M$^{me}$ Stoltz elle-même, parce que les bravos, les applaudissements, les couronnes et même l'or de l'étranger ne pourront balancer dans son cœur les témoignages d'admiration et de sympathies qu'elle recevait chaque soir d'un public dont elle était l'idole, qui avait encouragé ses premiers pas, et qu'elle était si heureuse d'impressionner et d'émouvoir; pour tout le monde enfin, parce que si l'intrigue et la malveillance sont parvenues à susciter des embarras sans nombre à la direction, dans le but unique de la supplanter, et à provoquer l'éloignement d'une artiste qui avait conquis les suffrages unanimes des gens de goût et des amis de l'art, que ne doit-on pas craindre lorsque bientôt il faudra combler le vide que l'on aura produit? La place la plus formidable est toujours gravement compromise aussitôt que la brèche est ouverte! Heureusement qu'ici ceux qui ont ouvert la brèche n'ont rien de ce qu'il faut pour pénétrer dans la place et encore moins pour s'y maintenir au besoin.

Seulement, l'on doit désirer que M. Léon Pillet soit désormais sur ses gardes; la perte de son premier sujet est certainement fâcheuse, et tout en cherchant à grouper autour de lui les premiers talents lyriques du monde, de manière à composer un ensemble à la fois complet et parfait, il doit avoir soin de tenir à distance cette foule de désœuvrés qui savent introduire le désordre partout, parce qu'ils y trouvent toujours leur compte.

On a dit avec raison qu'aussitôt que M<sup>me</sup> Stoltz sera partie, ceux-là mêmes qui ont provoqué son départ seront les premiers à accuser la direction de l'avoir laissée partir, et à provoquer son retour. S'il en est ainsi, comme cela est probable, M<sup>me</sup> Stoltz n'obéira pas à un caprice de misérable cabale, mais elle reviendra armée de tout son admirable talent, fortifié encore par d'incessantes études, conquérir de nouveaux bravos et de nouvelles couronnes. Qui sait d'ailleurs ce que l'avenir nous garde? Le théâtre italien, qui a besoin de régéné-

rer entièrement son personnel, et que la concur-
rence que va lui opposer l'Opéra national, ne lui
permet plus d'ajourner, ne sera-t-il pas heureux
d'appeler à lui l'ex-pensionnaire de M. Léon Pillet?
Et qui mieux que M<sup>me</sup> Stoltz pourrait rendre les
sublimes inspirations des grands maîtres de l'Italie? N'a-t-elle pas fait ses preuves dans les concerts
de la rue de Vaugirard, sur les théâtres de la Hollande, dans les traductions des opéras italiens?
M<sup>me</sup> Stoltz à coup sûr reviendra; l'Opéra ou les Italiens se la disputeront, et nous pourrons encore
l'applaudir.

Bien des opinions ont été émises et soutenues à
l'égard de M<sup>me</sup> Stoltz. Je ne veux ici ni les rapporter, ni les analyser; je veux seulement raconter une
scène dont j'ai été témoin et à laquelle j'ai pris
part, parce qu'elle résume l'opinion du monde et
achèvera de faire connaître notre grande artiste, et
qu'elle me conserve entièrement le caractère de
justice et d'impartialité que je recherche avant
tout : ainsi je me suis toujours demandé si le mauvais vouloir en général d'une classe de gens, dont
l'esprit vide a pourtant des prétentions aux belles
manières, donne droit de médisance sur tout ce qui

provoque l'enthousiasme et l'admiration? J'ai voulu savoir en outre si tous ceux qui se posent en admirateurs de M^me Stoltz, ont pu considérer comme véritable qu'elle passe les moments que ses devoirs lui laissent aux études sérieuses de son art.

Un jour, ou plutôt un soir, je me trouvais dans une loge à l'Opéra, avec un journaliste de grande réputation, en compagnie duquel se trouvait un jeune poète de noble race. Nous représentions, on le voit, ce qu'on appelle les *amateurs*. Trois dames étaient sur le devant de la loge. Une d'entre elles me parut fort bien : dans ses traits, dans son regard, dans sa tenue, on distinguait son esprit fin, délicat et par cela même fort réservé. Auprès d'elle une jeune fille, la sienne sans doute, d'une admirable beauté, ravissante enfant de seize ans, naïve et modeste comme on en rencontre encore dans le monde. Et enfin la troisième me parut être une de ces femmes à la mode, à grandes prétentions, affectant de tout connaître, de tout savoir, de tout comprendre, modulant ses poses évidemment étudiées, et s'occupant surtout à faire remarquer ses avantages.

Le hasard me servit à merveille, car on représentait la *Reine de Chypre*, et je ne pouvais désirer mieux pour apprécier les diverses opinions sur M^me Stoltz, qui avait à nous montrer la femme dans les situations de la vie les plus diverses, sous l'empire des sentiments les plus opposés, et aux prises avec les passions les plus violentes et les plus énergiques. En effet, Catharina Cornaro est d'abord la jeune fille simple, timide et soumise, mais elle aime comme aime une Italienne ; ensuite, blessée au vif dans son amour, sa douleur est immense, profonde, mais l'énergie de son caractère se développe, et, tout en cédant aux évènements qui changent sa destinée, elle s'élève au-dessus de son désespoir, et se montre digne du sceptre que la reine de l'Adriatique ne remettait entre ses mains que comme un brillant hochet. Reine désormais plus que ne le voulait Venise et ses Dix, la jeune fille est devenue grande, magnanime ; sa tête altière porte fièrement la couronne, et le manteau royal semble ne point peser sur ses épaules ; enfin bonne, tendre, excellente et dévouée pour son époux, et mère héroïque et sublime pour son enfant ; telle était l'héroïne dont M^me Stoltz avait à nous dérouler le caractère.

A ces diverses situations, on pouvait juger des impressions différentes produites sur les spectateurs de la loge : la dame aux grandes prétentions, dans son mauvais vouloir et sa fureur de médire, forcée par ton et par amour-propre d'exprimer ses sentiments, trouvait le moyen d'esquiver un jugement, qui pouvait porter à faux et compromettre sa sagacité, en insinuant ses bonnes petites méchancetés, sous forme d'antithèse, à ce qui se passait sur la scène : c'étaient des mots à double sens, des dénégations exclamatoires, des allusions fort peu charitables, et enfin un dépit mal déguisé pour les applaudissements réitérés de la foule.

L'autre dame, admirant de bonne foi le talent de la cantatrice, de la tragédienne, avait jugé en femme d'esprit les malins propos de sa voisine. Elle avait vu en elle le mauvais côté de notre chétive humanité, qui penche souvent pour maintenir et accréditer sans examen des bruits fâcheux, sans admettre même que les grands talents puissent avoir des écarts.

La jeune fille, elle, tout entière à l'action, au drame, à la musique, ne détournait les yeux que pour interroger du regard sa mère sur ses sensations, ou pour lui exprimer par quelques paroles simples et naïves, tout le plaisir, les délicieuses émotions qu'elle éprouvait, et son admiration, car elle ne savait qu'admirer et ignorait encore l'art de médire.

Notre noble poëte, lui, admirateur d'abord, enthousiaste ensuite, et enfin passionné, trouvait pour ses expressions une progression soutenue, non-seulement par la puissance dramatique de l'artiste qui était en scène, mais encore par les bravos de la salle entière, et surtout par la sympathie et la franche approbation de la mère et de l'aimable enfant que nous avions devant nous.

J'avoue que, de mon côté, tout en suivant avec le plus vif intérêt la représentation, et trouvant du bonheur dans les hommages rendus au talent par une foule attentive, je ne cachais pas le plaisir que me causait le dépit dans la dame aux grands airs, et qu'elle oubliait trop souvent de dissimuler. Mon ami le journaliste, contrairement à ses habitudes, mêlait franchement ses applaudissements à ceux du public, et, comme moi, condamnait pleinement la suffisance de la grande dame, jugeant dans sa perspicacité qu'il n'y avait là rien autre chose qu'une soif d'hommages décernés à une autre.

Quelques jours après, je rencontrai mon ami, je

lui parlai de la soirée en question en lui exprimant la satisfaction que m'avait causée la lecture de son feuilleton qui en rendait compte. Il m'apprit à son tour que notre poète enthousiaste s'était passionnément épris de Mme Stoltz; qu'il lui avait adressé des vers brûlants où il exprimait son amour comme il n'est donné qu'à un amoureux de vingt-cinq ans d'en écrire, et qu'il avait été jusqu'à faire des offres princières comme il convenait aux gens de noble race d'en faire, en accompagnant le tout de présents magnifiques, pour obtenir d'elle la faveur d'être admis à lui faire sa cour; mais que Mme Stoltz avait positivement refusé, en déclarant franchement qu'elle préférait les suffrages de tous, aux hommages d'un seul, quelques brûlants et armoriés qu'ils puissent être; que pour obtenir les suffrages qu'elle ambitionnait, tous ses instants de liberté suffisaient à peine à ses études et à fortifier un talent qui lui procurait de si douces jouissances, et qu'enfin pour le plaisir souvent négatif que l'on peut trouver dans la vie privée, quelque poétique qu'il soit, elle ne voulait pas faire le sacrifice de celui que procure la gloire conquise par le talent.

J'ai su depuis que le pauvre jeune homme, après

avoir inutilement renouvelé ses tentatives auprès de M^me Stoltz était devenu fou, et que sa famille désespérée a vainement tenté sa guérison en cherchant à l'éloigner par des voyages et des distractions de toutes sortes ; que néanmoins il persiste à chercher dans une retraite absolue l'oubli de la trop séduisante cantatrice.

Parlerai-je maintenant de la représentation du 22 avril? Elle marquera dans les annales de l'Opéra, comme la date y marque déjà par la naissance de Lulli. Le public, en foule compacte et serrée et refluant jusque dans les couloirs, avait répondu à l'appel que sa cantatrice de prédilection lui avait adressé, en venant recevoir des adieux qu'il n'acceptait qu'avec l'espérance de la revoir encore. M^me Stoltz était émue, peut-être plus encore qu'à ses débuts, et à chaque salve d'applaudissements elle ne pouvait retenir ses larmes. De véritables pluies de bouquets ont à plusieurs reprises traversé la salle, et jonché le théâtre : dans les loges on voyait les dames essuyer leurs yeux comme à un drame attendrissant ; et enfin, à la fin du dernier acte, plusieurs blanches colombes s'échappant du fond de la salle, sont venues planer au-dessus de la scène; et l'une d'elles s'étant abattue près de l'héroïne de la fête, comme pour lui faire aussi ses adieux, elle la prit dans ses mains, la caressa, voulant exprimer ainsi son affection pour un public qui l'avait tant fêtée; ramassa un bouquet qu'elle porta plusieurs fois à ses lèvres en saluant une dernière fois l'assemblée.

Ainsi s'est terminée cette partie de la carrière artistique de M$^{me}$ Stoltz, et cette soirée, dans laquelle se sont échangées des émotions si douces et si pénibles à la fois, restera à jamais dans la mémoire des habitués de l'Opéra.

Mais il nous reste encore une tâche à remplir dont on nous saura gré, celle de donner quelques détails sur l'intérieur de cette grande cantatrice : le public amateur et tous les gens de goût si vivement impressionnés par l'éclat et la magnificence que l'artiste, tout entière au théâtre et à l'art qu'elle a illustré, sait si bien déployer dans ses rôles, ne verront pas sans surprise combien elle semble différer d'elle-même par la gravité, l'ordre et la simplicité qu'elle a établis dans sa maison.

Il arrive fort souvent, on le sait, que les grands artistes se plaisent à établir dans leurs demeures le même faste qu'ils sont obligés, par état, de déployer sur la scène, il n'en est pas ainsi de M<sup>me</sup> Stoltz: une haute raison conseille, dirige, ordonne tout ce qui se passe dans son intérieur, et le luxe et la richesse s'y montrent sans éclat affecté.

Tous ceux qui, le 25 avril dernier, sont allés visiter cette somptueuse demeure, les uns par curiosité ou par intérêt pour celle qui venait de la quitter, d'autres dans le but de se rendre acquéreurs d'objets ayant appartenu à l'illustre artiste, n'ont pu voir sans étonnement dans toutes les pièces meublées cette heureuse variété de simplicité et de richesse, le tout avec une si parfaite observation des convenances, qu'il a été impossible à quiconque sait réfléchir de ne pas se former une idée juste du caractère et des goûts de M<sup>me</sup> Stoltz et de ne pas reconnaître en elle la femme supérieure et d'une parfaite distinction. Sachant surtout que toutes les personnes d'une intelligence supérieure se peignent, comme dans un miroir, dans les objets dont elles aiment à s'entourer.

Raphaël recherche l'élégance, l'éclat et la magnificence; Michel-Ange, d'un talent plus sévère, et peut-être plus élevé, se plaît à s'entourer d'objets où domine le vrai, le simple, le solide; Buffon, le peintre brillant de la nature, se pique d'être coiffé et vêtu avec recherche, même dans son intérieur; Newton au contraire, tout plein de la grandeur du système du monde, dont il venait de découvrir les lois, était toujours vêtu de même et simplement, été comme hiver.

L'appartement de M^me Stoltz était composé de sept pièces. Je les parcourais, mêlé à la foule qu avait été admise à les visiter la veille de la vente.

Dans l'antichambre étaient deux bancs à dossier en chêne sculpté, une table et une bibliothèque en acajou, une portière et garniture de croisée en feutre imprimé fond brun. Dans la salle à manger on voyait un ameublement style du moyen âge, une table de forme longue, chaises, buffets, cadre de glaces en bois de chêne sculpté et peint en couleur de fer. Dans les buffets brillait une magnifique vaisselle en argent, des porcelaines, des cristaux. Tout près, on remarquait une potiche en porcelaine du Japon, deux lampes également en porcelaine et montées en bronze, une de suspension en bronze verni, deux jardinières en bois de roses avec marqueteries, remplies des bouquets et des couronnes que la cantatrice, en rentrant, déposait chaque soir.

Ces bouquets et ces couronnes, plusieurs curieux les interrogeaient du regard et semblaient leur demander si l'artiste n'avait pas oublié quelques-uns des billets auxquels ils avaient si galamment servi d'interprète, puis ils continuaient leur promenade, et, revenus au même point, après avoir fait le tour de l'appartement, ils arrêtaient encore leurs regards sur les fleurs, comme pour s'assurer si, de tous ces témoignages d'affection et d'admiration adressés à la cantatrice, il ne restait aucune trace, mais les convenances et le savoir vivre les avaient fait disparaître.

Enfin les chaises étaient garnies en velours vert, et les rideaux des croisées étaient en laine de même couleur. L'artiste, en composant cette salle à manger, avait-elle songé à deux héroïnes qu'elle a représentées : Valentine des *Huguenots* et Marie Stuart. C'était en effet le meilleur moyen de s'identifier avec le caractère de ces deux personnages.

En entrant dans le petit salon d'attente, les regards étaient frappés tout d'abord par une superbe tenture en moquette bouclée fond fleuri noir; garnitures de croisées, canapés, fauteuils en étoffes pareilles. La garniture du foyer était en acier et bronze, et celle de la cheminée consistait en une pendule et des vases en porcelaine à médaillon camayeux, montés en bronze.

Dans le salon de réception tout respirait un air de grandeur et de majesté ; le lustre et la garniture de la cheminée d'une grande magnificence étaient en bronze doré, dans le style Louis XV ; la garniture complète du feu, de même style ; deux jardinières, l'une en porcelaine du Japon, l'autre de Sèvres, ornées de bronze doré ; deux vases en porcelaine, des groupes et figures en porcelaine de Saxe, des coupes et d'autres objets de petit Dunkerque ; une table de milieu en marqueterie et formant jardinière à trois parties ; deux fort jolis meubles, dont l'un en marqueterie de Boule à trois parties et de forme bizarre, et l'autre en bois de rose avec plaques en porcelaine et tous deux ornés de bronze doré ; deux tables de jeu, première et deuxième parties, marquetées cuivre et écaille ; un superbe piano de Pleyel, et enfin un meuble de salon proprement dit, composé de canapé, de fauteuils et tabourets, et recouvert de damas grenat des Indes, puis des chaises de fantaisie, en bois laqué et recouvertes d'étoffes style de Louis XIV ; les rideaux de croisées en velours grenat doublé, et ceux des vitrages en mousseline d'un riche travail de broderie, et par terre un magnifique tapis en moquette, à fleurs roses et rouges sur fond noir.

Près de ce superbe salon, se trouvait ce qu'on appelle le *boudoir*, une délicieuse retraite, meublé avec le plus élégant confortable, et consacré à l'étude et à la méditation d'une artiste sérieuse ; on y remarquait un piano en palissande, sorti des ateliers de Pape, et un joli petit bureau qu'à la fin du siècle dernier on nommait *bonheur du jour*; tout près, une petite table en ébène, une élégante papeterie et un nécessaire, marquetés écaille cuivre et étain ; tout le reste de l'ameublement, qui était du meilleur goût et d'une grande richesse, se composait d'un divan à dossier, de chaises chauffeuses et laitières, et de tabourets de pied ; de trois glaces magnifiquement encadrées ; d'un feu complet et d'une garniture de cheminée d'un bronze ciselé et doré, du plus beau style de Louis XVI. L'étoffe qui formait la tenture était de velours grenat, et le tapis était pareil à celui du salon.

La chambre à coucher était en tout point digne

de l'appartement. Le bois de lit recouvert en velours cramoisi, ainsi qu'un coffre à cachemire, une fort jolie petite table et deux chaises chauffeuses; les rideaux du lit, de la croisée et des portières étaient en damas de soie des Indes grenat, et doublés en mousseline; au fond du lit et dans toute sa longueur une glace à bordure d'une belle simplicité, et à la tête, un fort beau Christ en ivoire, sculpté par Jean de Bologne! Oui, un Christ à la tête du lit de M<sup>me</sup> Stoltz, premier sujet de l'académie royale de musique! Et pourquoi pas? Une artiste ne peut-elle pas avoir aussi de la religion! mais ce Christ n'était pas le seul : près de la cheminée on en voyait un autre en bronze, monté sur un pied et surmonté d'une branche de buis, renouvelé à chaque dimanche des Rameaux. Ce dernier Christ est l'ouvrage de Benvenuto Cellini. Lorsque l'on possède un Christ du célèbre Florentin peut-on jouer Ascanio sans inspiration et sans être parfaitement identifié avec ce personnage? Dans cette même chambre à coucher se trouvait une toilette moyen âge, fort curieuse, de forme allongée, en chêne sculpté. La garniture de la cheminée consistait en pendule, candélabre, flambleaux en porcelaine pâte tendre avec médaillons sur fond bleu, turquoise ornée de bronze doré, le tapis pareil à celui du salon.

Enfin dans tout l'appartement on trouvait placés avec un goût parfait une quinzaine de très bons tableaux, où les différentes écoles italienne, espagnole, flamande et française étaient représentées, et qui portaient pour signature, Salvator Rosa, Murillo, Bronzino, Rembrandt, Dolci, Ferrato, le Titien, Sasso de Venise, Jadin, Ary-Scheffer, Delacroix, Steuben, Roqueplan, etc.

Tout ce bel ameublement, auquel la possession de M<sup>me</sup> Stoltz a donné un caractère historique, est maintenant dispersé, après avoir été disputé par tous les amateurs, et il doit être évident, pour quiconque aura lu avec quelque attention la très succincte description que nous avons donnée du mobilier de M<sup>me</sup> Stoltz, combien cette noble artiste l'emporte sur le commun de ses rivales, tellement que l'on pourrait, avec toute raison, la proposer pour modèle à toutes les personnes qui pourront atteindre son degré de supériorité.

Au moment de mettre sous presse, on nous communique les renseignements suivants sur les représentations que M<sup>me</sup> Stoltz vient de donner à Metz.

Demandée, pour aller donner des représentations dans les principales villes de France, elle s'est décidée d'abord pour Metz et là, comme partout où elle ira, c'est un véritable triomphe qui l'attendait. Vouloir décrire l'enthousiasme dont elle a été l'objet, ce serait répéter ce qui a été dit partout où elle s'est montrée ; je me bornerai à dire que sa dernière représentation dans cette ville eut lieu le 28 avril, que la salle n'était pas assez grande pour contenir tous les spectateurs qui auraient voulu y assister, et qu'à la chute du rideau, la salle était littéralement jonchée de couronnes et de fleurs, parmi lesquelles des compliments et des vers avaient trouvé le moyen de se faufiler.

Voici un acrostiche qui se trouvait dans un bouquet :

Adieu, reine du chant, dont la double auréole
Ressuscita Falcon et Talma dans un jour !
Oh ! puisse l'Opéra, que ta perte désole,
Se réjouir bientôt au bruit de ton retour !
Infidèle à Paris, infidèle à la France,
Non, tu ne pourras pas à Madrid ou Florence
Effacer de ton cœur nos bravos, notre amour.
Sois fière pour longtemps, humble et modeste scène,
Théâtre où devant nous Léonor a chanté !
Oh ! garde-nous sa voix, et que les nuits d'été,
Le passant se demande : Est-ce quelque âme en peine ?
Touchant accord du ciel, qui t'a donc arrêté ?
Zéphirs, doux rossignols, serait-ce votre haleine ?

Le lendemain 29, les artistes du théâtre se sont présentés chez M^{me} Stoltz et lui ont offert une couronne en vermeil posée sur un coussin en étoffe cramoisie d'une très grande richesse avec glands en or à chaque coin. La couronne portait cette inscription :

### A MADAME ROSINE STOLTZ

#### LES ARTISTES DU THÉÂTRE DE METZ,

le 1^{er} mai 1847.

Dans cette démarche, véritable réunion de famille, et dans laquelle les sentiments les plus affectueux ont été échangés, F. Perrot, au nom de ses camarades, a récité les vers suivants, improvisés pour la circonstance :

De nos cœurs enivrés reçois ce faible hommage,
Et quand partout, semant des fleurs sur ton passage,
Le public à ta voix s'empresse d'accourir,
Rosine, sur ton front chacun lit ce présage :
« Je reprendrais les droits qu'on voudrait me ravir ! »
Pour un instant, déposant ta couronne,
Tu consens à nous faire admirer le trésor
De ces accents divins où ton âme rayonne
    Ainsi qu'une auréole d'or.
Sous les habits de l'humble favorite,
Pauvre fleur sur le sol, victime de l'amour,
Tu vas mourir ! La foule et frémit et s'agite,
    Comme au suprême jour !

Noble Catharina, que la fière Venise
Arrache à ton Gérard pour servir ses desseins,
Reine et martyre ici, que ta voix nous redise
De ton cœur maternel les transports surhumains !
Rosine, d'un seul mot tu peux combler nos vœux ;
Reste un seul jour encore ! Aussi bonne que belle,
Laisse-nous admirer, en nous faisant heureux,
Au public une idole, à nous tous un modèle !

Mais si la direction du théâtre de Metz ainsi que les artistes de ce théâtre ont fait tout ce qui était en eux pour fêter dignement la grande artiste qui s'était rendue à leur invitation, les habitants de la ville lui réservèrent de leur côté une ovation qui ne le cède en rien à la première, et qui honore également l'artiste qui en était l'objet, ceux qui l'offraient, ainsi que l'art dramatique.

Les élèves de l'école d'application, composée comme on sait, de jeunes gens d'élite de toutes les parties de la France, auxquels s'étaient jointes beaucoup de personnes distinguées, sont venus offrir à Mme Stoltz une couronne en argent, composée de feuilles de myrthe, de laurier et d'immortelles, et diversement variée de fleurs avec cette inscription :

A MADAME ROSINE STOLTZ

LES ÉLÈVES DE L'ÉCOLE D'APPLICATION,

le 1er mai 1847.

Quelle artiste ne serait fière d'un triomphe aussi

beau, aussi flatteur ! et combien M<sup>me</sup> Stoltz doit s'énorgueillir de voir réunis autour d'elle, dans l'oubli de préjugés que la raison et la puissance du génie ont anéantis, les émules qui partagent ses triomphes et une foule enthousiaste dont elle a le pouvoir magique de poétiser l'existence publique.

*Nota*. Les journaux annoncent que M<sup>me</sup> Stoltz vient de faire don d'une somme de 8,000 fr. à la colonie agricole de Mettray, et que le local auquel cette somme sera appliquée, portera son nom qui sera inscrit en lettres de bronze.

FIN.

9 782012 975972